LETTRE SUR LE BUDJET.

AOUT 1814.

DE L'IMPRIMERIE DE J. SMITH.

LETTRE SUR LE BUDJET,

A M. ***,

MEMBRE DE LA CHAMBRE DES DÉPUTÉS.

Paris, le 1.er août 1814.

MONSIEUR,

Vos talens, vos lumières et votre zèle patriotique m'engagent à vous adresser quelques observations sur le budjet : je vous prie d'avoir la bonté de leur accorder quelque attention.

Le budjet qui est soumis aux délibérations de la Chambre est le plus important qui ait été présenté depuis long-temps.

Il exige les plus profondes méditations.

La dette arriérée est la plus considérable que jamais la France ait eue à liquider ; elle s'élève à 1308 millions, et *les états ne sont pas complets.*

Les moyens de liquidation qui vous sont présentés sont les plus extraordinaires qu'on puisse imaginer, et déjà ils sont devenus un objet d'engouement parmi une certaine classe d'hommes. Les journaux prônent le budjet, les banquiers l'exaltent; on cherche à créer dans les esprits cet état de fermentation financière dont les Français sont si susceptibles, et à la faveur de laquelle on fait accueillir et admirer les erreurs, les inconséquences, on empêche les absurdités d'être aperçues : y parviendra-t-on[1]? il serait affligeant de le croire; mais on se rassure en pensant à la sagesse et aux lumières de la Chambre.

Elle méditera long-temps sur le budjet avant de prendre une délibération.

L'arriéré est de 1308 millions.

[1] Tout système de finances fondé sur la création d'un papier quelconque sera toujours admiré comme un chef-d'œuvre à Paris, où la fortune d'un grand nombre d'habitans est toute en capitaux, et il est bien clair que plus il y a d'espèces de papiers en circulation, plus l'intérêt est élevé, et plus le revenu augmente; ajoutez à cela les chances que les variations dans la valeur de ces papiers offrent aux joueurs de la bourse, et vous aurez la mesure de l'enthousiasme des Parisiens pour le papier. Il s'en faut de beaucoup que l'intérêt et l'opinion des vingt-quatre millions de Français qui habitent les provinces soient les mêmes.

244 millions créance du domaine éteinte par confusion.

305 millions créance de la caisse d'amortissement dont il faudra servir la rente.

759 millions exigibles.

1308 millions.

Le Ministre propose la création de 759 millions de billets royaux payables dans trois ans, et portant 8 pour cent d'intérêt.

C'est par un sentiment de justice, a dit le Ministre, que cet intérêt exorbitant a été accordé aux créanciers. Il a été calculé sur le prix de la rente : de sorte que si la rente eût été à 50 fr. et au-dessous, l'intérêt eût été porté à 10 ou à 15 pour cent, et cela dans le même moment où la banque de France ouvre ses escomptes à 4 pour cent! Quelle échelle! Quel régulateur a pris le Ministre que la valeur mobile de la rente pour la fixation des intérêts d'une somme de 759 millions !

Mais revenons aux billets royaux.

Sans doute que la loi limitera le temps de la liquidation, et qu'en accordant au Ministre jusqu'au 31 décembre 1816, c'est-à-dire vingt-huit mois, la Chambre jugera ce délai suffisant pour opérer toutes les liquidations, surtout d'après les principes de justice du Ministre et le désir qu'il a « de mettre promptement dans « les mains des créanciers des valeurs qui re- » présentent sans fiction l'intégrité de leur » créance [1]. »

Je suppose donc que la Chambre fixera à l'an 1816 la liquidation totale de l'arriéré; et comme une très-grande partie de cette dette se trouve liquidée, telle que 150 millions d'ordonnances non payées, et environ 150 millions de traites de la caisse de service, bons de receveurs généraux, annuités et autres valeurs en souffrance qui n'attendent que le paiement, elle ordonnera que les deux tiers de la dette, c'est-à-dire 500 millions, soient liquidés dans le courant de 1815, en enjoignant au Ministre d'effectuer immédiatement le paiement des ordonnances et des traites qui sont en retard.

Or, par cet ordre de liquidation, le plus naturel et en même temps le plus équitable possible, il arrivera que, dans l'espace des seize mois du 1.er septembre 1814 au 31 décembre 1815, le Ministre jetera dans la circulation une masse de 500 millions de billets qui, en y ajoutant 40 millions d'intérêts par

[1] Discours du Ministre.

an pendant trois ans, élevera cette somme à 620 millions, soit environ 39 millions par mois, ou 1,500,000 par jour [1].

Concevez-vous d'avance, Monsieur, le discrédit d'une telle masse de papier répandue dans tout le royaume, car il n'y a pas de département où il ne se trouve plusieurs créanciers? Peut-on évaluer à quel taux s'éleverait le prix de l'argent, quel agiotage il s'établirait sur ces billets, quels funestes effets en ressentiraient l'agriculture et le commerce? Il faudrait être bien intrépide pour n'en pas être effrayé.

Mais, dit le Ministre, je ferai un emprunt; je vendrai les forêts; je ménagerai mes moyens pour pouvoir racheter sur la place les billets royaux si leur discrédit était trop grand : d'ailleurs, en dernière analyse, les créanciers auront la faculté de se faire inscrire sur le grand-livre.

Mais en admettant d'abord la possibilité d'un emprunt, qu'en résultera-t-il?

Une complication d'opérations;

La multiplicité des effets;

Un plus grand discrédit sur les uns ou sur les autres, et peut-être sur tous.

[1] On ne compte pas les jours de fêtes.

Dans tous les cas, un aliment de plus à l'agiotage.

En effet, que peut-on espérer, et quel avantage peut-il résulter d'un emprunt hypothéqué sur des forêts dont le produit est déjà absorbé à plus de trois fois la valeur par la création des billets royaux? et si, pour retirer les billets royaux de la circulation, il faut émettre les billets ou les rescriptions de l'emprunt, quel changement cela fait-il, puisque les uns et les autres ont la même hypothèque? Ne sont-ce pas les assignats retirés par les mandats?

Quant à la vente des bois, on peut bien la commencer immédiatement, mais il est impossible de la consommer et d'en réaliser le produit avant quatre ou cinq ans; et, d'ailleurs, quel sera le produit de cette vente, surtout si on veut la précipiter? 300 millions au plus [1],

[1] La coupe de bois a été vendue, pendant les années 1811 et 1812, au prix moyen de 612 fr. l'hectare; or tout le monde sait que la coupe d'un bois équivaut à plus de deux tiers de la valeur du bois, sol et superficie compris.

Je ne puis pas supposer qu'on ait l'intention de vendre les bois de haute futaie; la Chambre des Députés ne laissera pas sans doute mutiler nos forêts; elle s'assurera de la nature de celles qu'on voudrait mettre en vente.

et il resterait toujours plus de 600 millions de billets en circulation.

Le Ministre, il est vrai, se berce de l'espoir de pouvoir faire racheter les billets lorsqu'ils seront trop discrédités : cet espoir illusoire pourrait promettre quelque réalité, s'il était question d'une opération de 25 à 30 millions, telle que la caisse d'amortissement en faisait quelquefois avec la caisse de service. Mais lorsqu'il s'agit d'une émission de 620 millions, dans l'espace de seize mois, il serait ridicule d'admettre cette possibilité, surtout en songeant que l'année suivante il faudra émettre, pour le tiers restant de la dette, 259 millions en capital, et 62 millions d'intérêt; en tout 321 millions de billets à émettre en 1816, c'est-à-dire un peu plus d'un million par jour pendant cette seconde année!

Je sais bien qu'aujourd'hui le Ministre peut facilement soutenir la faible quantité de billets royaux en circulation, au taux de $\frac{5}{8}$ pour cent par mois; mais c'est precisément parce qu'il n'y en a presque point en circulation, et ce serait commettre une grande erreur que de supposer qu'on pourra les maintenir à ce prix, lorsqu'il y en aura des masses aussi fortes que celles qu'exigera la liquidation de la dette arriérée [1].

Et, pour s'en convaincre, qu'on soumette le crédit des billets royaux à une petite épreuve.

Certes, la mesure proposée de créer pour près d'un milliard de billets est assez importante pour mériter qu'on y fasse attention, et qu'on s'assure bien à l'avance que les dangers qu'en redoutent les têtes froides ne sont que chimériques.

Ne jugeriez-vous donc pas à propos, Monsieur, que la Chambre des Députés dît au Ministre : « Puisque vous êtes sûr de votre « système, que vous êtes sûr de maintenir le « crédit de vos billets, que vous êtes sûr de « l'emporter sur le caractère national qui a « une répugnance extrême, disons le mot, une

[1] En 1812, les annuités étaient recherchées à 4 pour cent, et le papier de banque à 3 pour cent. Tous les papiers du Gouvernement étaient en plein crédit, et les espérances sur le succès de la campagne immenses. La caisse d'amortissement fit une opération d'environ 30 millions avec la caisse de service. Avant que la moitié de cette somme eût été émise, les annuités perdaient déjà 12 pour cent : de telle sorte que le trésor fut obligé d'en arrêter l'émission.

« horreur profonde pour toute espèce de « papier : essayez, pendant un mois, d'émettre « pour 1,500,000 francs par jour de billets en « circulation (ce n'est pas la vingtième partie « de la dette) ; » que cette opération se commence dès demain, qu'elle se continue franchement en présence de commissaires de la Chambre, et on verra à la fin du mois quel sera l'escompte auquel on pourra négocier vos billets ? Si le système est bon, il sortira triomphant de cette épreuve qui, à la vérité, ne sera pas décisive, puisqu'elle n'embrassera que la vingtième partie de la masse ; mais du moins pourra-t-elle nous faire concevoir quelque espérance pour le succès futur du projet.

Mais si on n'ose soumettre le projet à l'expérience d'un mois ; si même aujourd'hui on renvoie à quatre mois la remise des billets royaux pour des créances qui sont échues ; si on ne veut pas qu'il sorte un seul de ces billets pendant la discussion du projet ; si on fait annoncer par le Moniteur que le trésor escompte les bons qui doivent échoir en septembre, tandis qu'on ajourne le paiement des traites échues [1], qu'augurez-vous, Monsieur,

[1] Ces mesures ont sans doute été inspirées par un zèle pur, mais mal entendu.

du crédit des billets royaux lorsqu'il faudra en émettre pour 1,300,000 francs par jour pendant vingt-huit mois consécutifs, et qu'on ne pourra plus faire usage de ces petits moyens, de ces ressources d'une semaine qui en imposent pendant quelque temps à la multitude ?

Il est vrai que le Ministre ajoute un autre moyen de liquidation à celui des billets royaux ; c'est l'inscription au grand-livre. *Je sais bien que c'est par là qu'il faudra finir.*

Mais n'aurait-il pas mieux valu commencer aussi par là, en proposant tout simplement d'inscrire l'arriéré sur le grand-livre ; et ne convient-il pas aujourd'hui à la Chambre des Députés d'adopter ce moyen, qui lui est indirectement présenté par le Ministre ?

Il me semble, Monsieur, qu'en adoptant, par préférence, pour mode de liquidation de l'arriéré, l'inscription au grand-livre, la France peut faire supposer qu'elle a le choix des moyens, et qu'en se réservant les forêts et les autres ressources extraordinaires pour un événement imprévu, elle persuadera à toute l'Europe que la pénurie des finances ne nous arrêtera jamais, toutes les fois qu'il s'agira de défendre la gloire du trône et l'intérêt de la patrie, ou bien d'exécuter tel autre projet qu'aura conçu la sage politique de notre Monarque.

Si, au contraire, le discrédit *certain et infaillible* des billets royaux nous oblige à les convertir plus tard en rentes sur le grand-livre, nous avertirons toute l'Europe qu'il ne nous reste plus aucune ressource extraordinaire.

Il ne faut pas être, je crois, un profond politique pour juger le mauvais effet qu'une telle confidence peut produire.

Je ne dirai qu'un mot sur l'aliénation des forêts *pour l'acquittement d'une dette arriérée*, c'est que tous les Gouvernemens précédens, ceux même qui décimaient les hommes, ont respecté les arbres!!!

Quant aux billets royaux, quelles que soient les espérances qu'en conçoit l'auteur du projet, leur sort sera le même que celui des papiers qui les ont précédés; le caractère national, le souvenir du mal que le papier nous a fait, la nature de nos richesses, tout concourt également à les repousser de notre climat [1].

[1] En faisant sanctionner par le Corps législatif la vente des biens communaux, le Gouvernement avait décrété la création de 132 millions d'annuités, admissibles en paiemens des biens communaux, qui étaient évalués à

Les partisans du papier ne cessent de citer l'Angleterre *qui vit toute de papier;* mais ce serait une grande erreur de vouloir assujétir les deux pays au même régime. En France, la richesse est *immobilière*, elle se compose principalement de terres et de maisons; en Angleterre, au contraire, la richesse est mobilière; elle se compose de marchandises, de navires, de lettres de change. Or, un arpent de terre qui se vend 1000 francs ne peut être payé qu'avec deux cents pièces de cinq francs, tandis qu'une cargaison de marchandises, qui se vend un million, se paye en lettres de change; d'où il résulte qu'en France on ne voit que de l'argent; en Angleterre, on ne connaît que le papier.

La répugnance des Français pour le papier est telle que la banque de France n'a pas pu parvenir à maintenir les comptoirs d'escompte qu'elle avait établis à Lyon, à Rouen, à Lille, villes commerçantes et manufacturières, et par conséquent au-dessus du vulgaire préjugé.

Et le Ministre prétendrait jeter en France

plus de 300 millions; eh bien, malgré ces avantages le trésor n'a pu émettre qu'une très-petite quantité de ces annuités en circulation, tant le discrédit a été grand et rapide! que serait-ce de 940 millions de billets royaux?

940 millions de billets royaux ! mais que deviendrait tout ce papier au moindre danger qui se manifesterait, à la plus légère inquiétude qu'une nouvelle guerre ferait naître sur son remboursement à l'échéance?

Je ne vous parlerai pas, Monsieur, des autres parties du budjet. Tout le monde a été étonné de voir accorder huit pour cent d'intérêt aux créanciers, et de grever le peuple de 24 millions d'impôt de plus pour cet objet. On a frémi en voyant la contribution directe s'élever à la somme de 340 millions, somme que supportaient avec peine cent trente départemens, et qui, de toutes parts, excitait de justes réclamations.[1]

Je ne sais pas non plus pourquoi, dans notre état actuel de détresse, on compte pour rien les douanes, tandis qu'il faut chercher 130 millions dans le produit des impôts indirects.

Nul fonds n'est assigné au paiement de l'intérêt des billets royaux, objet de 60 millions par an, et cependant on nous promet une réserve de 70 millions pour 1815.

Le Ministre ne dit pas un mot sur les sommes

[1] La contribution directe de l'an 1813 était fixée, pour tout l'empire, à 338 millions et quelques cents mille francs.

que nous aurons à payer à l'étranger, en vertu du traité de paix. Cependant des commissaires liquidateurs sont nommés depuis long-temps par Sa Majesté; nous savons, d'ailleurs, que les cautionnemens et autres dépôts faits à la caisse d'amortissement par des étrangers seront remboursés dans cinq ans et par cinquième, à partir de la date du traité de paix; ce qui établit un paiement en 1815.

Ne faudra-t-il pas aussi rembourser aux Français les cautionnemens qu'ils avaient fournis pour des places dans les départemens réunis.

Le Ministre réserve-t-il tous ces objets pour le budjet de 1816? C'est présumable.

Mais si vous ne connaissez pas la masse du mal, comment pourrez-vous appliquer le remède? Et quel remède, grand Dieu! que celui qu'on vous propose!

La création de 940 millions de billets royaux.

La vente des forêts, c'est-à-dire le sacrifice de la dernière ressource de l'État.

Le remboursement des capitaux énormes à des époques fixes.

La fixation de contributions directes, écrasantes et impossibles à percevoir.

Et c'est sur de pareils élémens que le Ministre, aux bonnes intentions duquel je rends hommage, établit la bonté de son système, et qu'après avoir cherché à vous le persuader dans vos bureaux par de longs discours, il finit par le garantir sur *sa tête*.

Certes, l'abbé d'Espagnac était aussi un homme de beaucoup d'esprit, grand et beau parleur, et encore doué des plus éminentes qualités pour la direction des opérations de la bourse; croyez-vous cependant, Monsieur, qu'il eût été capable d'administrer les finances du royaume dans l'intérêt du commerce et de l'agriculture!

A Dieu ne plaise que j'aie l'intention d'établir une comparaison entre M. le baron Louis et M. l'abbé d'Espagnac; je crois que le Ministre soutient, de bonne foi et par conviction, un système erroné; je le comparerai encore moins à ce Law, qui parlait avec tant d'assurance, qui répondait de tout sur *sa tête*, et qui pendant quelque temps fut considéré comme un Dieu.....

M. Necker a été aussi l'idole du peuple, et surtout l'idole des banquiers [1], des agens de

[1] Tout le monde se rappelle la fortune rapide et colossale de certains banquiers, pendant ce règne d'emprunts; celle d'un agent de change fut poussée jusqu'à 700,000 francs de rente, M. Durvé.

change, des capitalistes et des financiers de toute espèce.

La France ne sait que trop ce que Law et Necker lui ont valu....

Heureusement que la Chambre des Députés peut choisir d'autres modèles parmi ces hommes illustres qui ont administré les finances de l'État dans des circonstances qui, sous plusieurs rapports, peuvent se comparer à celles dans lesquelles nous nous trouvons. Sully et Colbert nous ont laissé d'utiles exemples, et je ne sache pas que, depuis, aucun de nos Ministres se soit cru plus homme d'État et meilleur administrateur que ces deux grands hommes.

Mais si les lumières du siècle et la justice généreuse de notre bon Roi ne nous permettent pas de faire une application rigoureuse des maximes de ces deux grands administrateurs, devons-nous du moins nous en rapprocher le plus possible.

Que toute la dette arriérée soit donc inscrite sur le grand-livre, et que, chaque fois que le Gouvernement aura des fonds de réserve, il les consacre au rachat des rentes sans se prescrire une époque fixe.

Ne croyez pas, Monsieur, en adoptant cette mesure, traiter les créanciers moins favorablement que M. le baron Louis avec des billets à huit pour cent d'intérêt, qui n'empêchent pas que les créances ne se vendent journellement en bourse à quarante pour cent de perte, quelques-unes même à quarante-huit pour cent. C'est du moins à ce prix qu'il en a été traité une assez forte, le 28 juillet dernier.

Le premier acte de justice que vous puissiez exercer envers les créanciers, le plus important pour eux c'est une prompte liquidation, et vous en serez aisément convaincu lorsque vous saurez qu'ils ne trouvent à emprunter qu'à un et demi et deux pour cent, par mois, sur le dépôt de leur créance.

Certes, ils seraient bien mieux traités si on leur donnait de la rente.

L'Etat conserverait ses forêts.

L'impôt serait diminué de 24 millions d'intérêt; on ne créerait pas un agiotage monstrueux, qui dévorera le commerce et l'agriculture.

La rente elle-même, après la première baisse qui ne serait pas au-dessous de 65 fr., et dont les effets ne se feraient pas sentir pendant trois mois, se releverait graduellement, parce que l'administration marcherait constamment et d'un pas égal vers un mieux qui ne serait plus hypothétique.

Voilà, Monsieur, des réflexions que m'a suggérées la lecture de la proposition que vous avez faite le 30 juillet, en disant que la loi sur les finances exigeait les plus grandes recherches et les plus profondes méditations. Je vous les soumets avec confiance.

Je vous prie de croire qu'elles me sont inspirées par des motifs aussi purs que les sentimens d'estime et de considération distinguée avec lesquels je suis,

Monsieur,

Votre très-humble et très-obéissant serviteur,

DELANGRE,

Propriétaire.

www.ingramcontent.com/pod-product-compliance
Ingram Content Group UK Ltd.
Pitfield, Milton Keynes, MK11 3LW, UK
UKHW020959230726
13924UKWH00009B/135

9 782019 926199